AF349521

LE DOCTEUR FÉRAUDY

Le 29 mai dernier, le département perdait un de ses hommes les plus modestes et les plus utiles, le corps médical des Basses-Alpes son doyen âgé de 86 ans, la société un patriarche, les pauvres d'Annot leur plus insigne bienfaiteur. Le docteur Féraudy mourait !.. Qui l'a connu mieux que moi, et quelle réciprocité dans notre amitié, grand Dieu ! Le récit des bienfaits du médecin et certaines dettes du cœur contractées dès mes plus tendres années avaient enthousiasmé mon adolescence. Plus tard, dès 1846, la vue de l'homme séduisit complétement ma jeunesse ; et, en 1859, lorsque je devenais, en même temps que son confrère, son plus intime confident, loin de les voir amoindrir par une mesquine jalousie professionnelle, j'ai vu grandir, au contraire, et mon admiration pour le praticien chez qui j'allais souvent m'inspirer dans l'intérêt de mes malades, et ma respectueuse vénération pour le vieillard.

Absent du département au moment où Dieu l'a rappelé à lui, je viens, de retour dans la contrée que désole sa perte, jeter quelques fleurs tardives sur la tombe de ce confrère et adresser au vieil ami dont il ne m'a pas été donné de fermer les yeux un adieu dont mon esprit, hélas ! doit limiter la formule, mais qu'on ne saurait mesurer à mon affection. Je puise dans cette idée émanée du cœur des consolations ineffables, et, en outre, j'accomplis un devoir sacré que je considère comme une justice et une satisfaction donnée au sentiment public.

Il eût convenu, peut-être, de décerner plus tôt à la mémoire du défunt cet hommage posthume dont s'honore ma sensibilité, mais son souvenir n'est pas un de ces cultes superficiels qui passent comme la vogue; il a de profondes racines au cœur des habitants de la ville d'Annot qui, par un élan admirable de reconnaissance, s'est levée tout entière pour saluer cette grande âme à son départ, et ne serait-ce pas outrager ce peuple honnête de travailleurs, qui fut sa famille, de penser qu'en si peu de temps une notice sur son père a perdu son opportunité? Et quand je dis *son père,* j'ai tout dit, qui le nierait? puisque son patrimoine qu'il eût pu transformer en un riche héritage si sa vie eût été moins désintéressée, revient tout entier aux pauvres d'Annot, d'après ses volontés dernières qu'à titre d'exécuteur testamentaire j'ai la mission de surveiller. Il a vécu pour les malheureux et veut se perpétuer encore pour eux : *Cùm dilexisset eos qui erant in mundo, in finem dilexit eos* (1).

Fils, petit-fils et arrière petit-fils de médecin, Féraudy Alexis-Casimir naquit à Villars-Colmars, le 28 septembre 1797. Après avoir fait ses études de latin, à Sausses (je le note avec orgueil) sous la paternelle, saine et intelligente direction de M. le curé Roccas, il étudia la médecine à Montpellier, où il obtint, le 15 mars 1821, le titre de Docteur. Sa thèse sur *la teigne* (in-4° de 25 pages), excellente monographie hardiment écrite, fait présager les mérites futurs du praticien et nous laisse entrevoir, dans son admiration pour les succès de son père avec la ciguë fraîche dont il se servait pour guérir ses malades, y compris son jeune étudiant, qu'elle était l'expression de sa filiale reconnaissance.

Le docteur Féraudy exerça quelques années dans son pays natal et vint ensuite se fixer à Annot. Dans son premier poste ou dans sa résidence définitive, il a pratiqué son art pendant 62 ans, se prodiguant nuit et jour dans des villages dépourvus alors de routes, se dévouant en temps d'épidémie et ne goûtant de repos que celui que nécessitaient les fatigues du lendemain.

(1) Saint Jean, chap. XIII, verset 1.

Aucun médecin ne put jamais prendre pied à Annot, tant il avait, par son aménité, captivé l'esprit de ses malades, et leur confiance par ses cures. Il ordonnait fort peu de remèdes et ne se servait habituellement que de quelques formules particulières que lui avait dictées son expérience et qui ne lui faisaient pas enregistrer plus de revers que ses confrères voisins. Il excellait, surtout, dans la pratique obstétricale et les maladies des enfants; aussi les mères de famille le considéraient-elles comme un oracle de la science et l'entouraient-elles d'une touchante vénération. J'en fus témoin et édifié, une dernière fois, hélas! le 15 mai, à 7 heures du matin, quand le laborieux vieillard traînant avec douleur les impuissances de l'âge, navré de la maladie de sa fidèle et dévouée servante, visitait encore un malade d'Annot et prouvait, comme le vénéré Lautard, qu'il voulait mourir à la tâche.

Homme d'élite, d'une droiture et d'une probité judicieusement appréciées de l'autorité et de ses concitoyens, on l'a vu, simultanément et pendant plus de 30 ans, maire, membre, puis président du conseil d'arrondissement, inspecteur des enfants des hospices, médecin de la douane, médecin cantonal, suppléant de la justice de paix, etc... Qui serait surpris si la variété de ses services et ces titres divers lui valurent de l'académie de médecine et de l'administration des hospices du Midi, une médaille d'or, cinq médailles d'argent, et si la croix de la Légion d'honneur, ni ambitionnée, ni demandée, mais noblement conquise, vint, dès 1866, en ornant sa poitrine, mettre le sceau à sa vie administrative? Dois-je taire son émotion le jour qu'il fut décoré, lorsque tous ses collègues du canton remirent chacun au maire d'Annot, en séance du conseil de révision, une adresse couverte de signatures et où se dévoilaient toutes les délicatesses du cœur de ses obligés? Cette marque profonde de sympathie le consola bien des fois des amertumes que lui suscitèrent certains soupçons erronés que jugèrent l'indignation publique et la justice. Qui n'a pas eu, dans ce bas monde, ses détracteurs?

Il n'en eut point, toutefois, à la mairie d'Annot : réparation des fontaines, création de lavoirs, ouverture du boulevard, reconstruction et emménagement de la maison des religieuses, addition à l'établissement d'un jardin spacieux, embellissement des places publiques ; il avait le talent de dépenser beaucoup sans jamais trop toucher au lest du budget ordinaire de la commune. On se plaisait à le citer comme un maire modèle, et ce n'est pas sans d'unanimes regrets qu'on le vit donner sa démission et consacrer exclusivement ses dernières forces à la médecine. Comme le prêtre de l'art salutaire dont parle Virgile et qui préférait aux dignités les humbles devoirs de sa profession :

> Scire potestates herbarum, usumque medendi
> Maluit, et mutas agitare inglorius artes.

Insister plus longuement sur la naissance, les distinctions, les titres mondains du docteur Féraudy, ce serait faire violence à sa modestie.

Voyons l'homme privé.

On dit souvent que la vie privée doit être *murée*. Mais, n'est-ce pas là qu'on trouve les véritables mobiles des actions publiques ? Un homme n'est complet et digne d'être imité qu'à la condition de marier les qualités convergentes de ses fonctions publiques et de sa vie privée. Si le docteur Féraudy a excellé dans les premières, combien ne devons-nous pas l'admirer dans la seconde ! Celui qui a connu la bonté de son cœur et ses dispositions pour ceux qui l'approchaient n'est point surpris qu'avec le respect et l'affection de ses amis, il eût capté l'estime même de ses adversaires s'il avait mérité d'en avoir. J'en atteste tous ceux qui ont eu le bonheur de s'asseoir à son foyer si hospitalier et admirer chez lui cette haute noblesse personnelle dont parle un Père de l'Église, sur laquelle la mort ne peut rien parce que sa base ainsi que son élément principal, c'est la vertu ; tous s'accorderont avec moi pour faire de lui l'éloge que l'Écriture Sainte fait de Moïse : *Dilectus Deo et hominibus, cujus memoria in benedictione est.*

Quelle majesté dans cette tête blanchie et dénudée par les ans! Quelle douce sérénité sur ce large front! Quel cachet d'imposante dignité et d'originalité vénérable dans sa démarche, dans sa mise parfois recherchée, dans son incomparable chapeau gris, sur ses lèvres d'ordinaire satiriquement pincées, mais toujours souriantes et toujours prêtes à émailler d'un trait plaisant et d'un bon mot la conversation la plus sérieuse.

On eût dit que le strabisme divergent dont il était atteint devait nuire à l'expression de bonté, de douceur et de fine ironie qui résumait sa figure; il y ajoutait encore.

Qui ne l'a vu, dans les rues, grave, méditatif et la tête penchée? Son extérieur plein de candeur annonçait les perfections du dedans. On songeait involontairement à un des sept sages de la Grèce, tant il faisait revivre les traits les plus saillants des temps antiques.

Il avait, non pas cette dignité froide, qui repousse, mais une bienveillance exquise et enjouée qui s'alliait à merveille avec l'urbanité de ses manières et la sensibilité de son cœur.

Dans ses entretiens avec les malades, comme dans ses charmantes intimités, quel accent de voix! quel esprit vif et prime-sautier; quelle sève, quelle pénétration, quelle mémoire sûre! quelle parole imagée! quel mélange de franchise, de verve et de bonne humeur! Critique ingénieux et délicat, quelle adresse et quelle promptitude à décocher un trait d'esprit : « Vous avez eu déjà dix décès en si peu de temps? lui disais-je un jour en causant. — Oui, répondit-il, mais j'ai fait onze accouchements et ne dois donc rien à personne. »

Ses récits étaient des tableaux achevés où les traits dominants s'accusaient en relief, enrichis de maximes vertueuses, pleins de finesse et de gaieté, et que nuançaient une étonnante variété de souvenirs anecdotiques et de paroles saillantes, expression d'autant plus vraie de sa nature psychologique qu'elles lui venaient sans préméditation et sans recherche, et comme une émanation vivante du caractère. L'entretien se prolongeait-il, il amenait invariablement, avant de le clore, le chapitre des malheureux ou se mettait à disserter sur la patrie. Comme il l'aimait notre France ! Il ne cessait de comparer ses grandeurs passées, son honneur, sa gloire, à nos revers, à nos humiliatious, à nos hontes. « On veut réduire à la servitude, ajoutait-il, nos âmes et nos corps. » Et avec quelle sévérité il tançait nos législateurs ! « Je vois bien le moulin, disait-il en son patois, mais je ne vois pas la farine; il ne produit que du son. »

Homme de foi et de conviction profonde toute sa vie, il n'avait, en aucun temps, refusé ses hommages aux croyances religieuses. Il les recommandait autour de lui et ne sut jamais souffrir un blasphème dans la bouche de ses serviteurs; il congédiait impitoyablement un domestique, s'il était coutumier du fait.

Il y a quelques années, exhorté par les conseils de son pieux curé, il sentit qu'au-dessus de ces intérêts qui s'agitent sur la terre il y avait là-haut quelque chose qui devait fixer une âme comme la sienne. Cette religion sublime qu'il prêchait aux siens, il voulut la pratiquer ouvertement en public, et il édifiait la population d'Annot lorsque, revêtu de ses plus beaux habits, l'étoile de l'honneur sur le cœur, il s'avançait vers la table sainte, sans ostentation et sans respect humain.

Ces jours-là, sa foi si vive semblait encore avoir grandi et sa commisération pour les pauvres redoublait. Il me souvient l'avoir surpris lorsqu'il *prêtait son or au bon Dieu* dans la personne d'un indigent à qui il imposait de joviales conditions de prêt : « *Hilarem datorem diligit Dominus* », lui dis-je en l'abordant inopinément. Il fut vivement peiné de cette intervention d'un tiers, lui qui ne voulait d'autre témoin que Dieu seul.

Tant de piété et de charité ne pouvaient s'allier qu'à une saine doctrine médicale. Le docteur, sans cesse en face de toutes les splendeurs de la nature qui lui parlent de Dieu, de sa sagesse, de sa puissance, de sa bonté, de toutes ses perfections infinies ; lui qui étudie l'homme, cet être si prodigieusement admirable, les conditions de son existence, ses merveilleux organes, les principes et les lois de ses forces motrices, le mécanisme de ses nerfs, de ses artères, de ses tissus, l'harmonie enfin des divers éléments qui le composent, peut-il de bonne foi se figurer que tout s'éteint avec nous, et qu'il ne subsiste plus rien de ces nobles facultés qui nous asssurent la supériorité sur toute la création? Le corps humain, qu'il sonde dans tous ses replis, ne serait-il qu'une machine plus perfectionnée que celle du singe, notre ancêtre, d'après les disciples de Littré, et à laquelle il faudrait refuser le souffle divin qui l'anime? Parce qu'il ne voit et ne palpe que la matière, que son scalpel n'a pu déceler le siége de l'âme, est-ce à dire que cette âme n'existe pas? Non, le docteur Féraudy n'aurait su être matérialiste ; il savait faire la part du mystère et des secrets de Dieu.

Aussi avait-il appris et acquis les vérités médicales avec cette ardeur sereine qui les éclaire en dévoilant leur véritable émanation, et, durant toute sa longue carrière médicale de 62 ans, il sut réaliser dans toute la rigueur du mot la mission sociale du médecin. Son âme candide et inspirée par les meilleurs sentiments trouvait des ressources pour toutes les infortunes, et, à côté de ses remèdes, sa voix amie, imprégnée de charité, combattait aussi la souffrance et relevait les forces du malade en lui restituant le bien-être moral.

Tout était donc parfait chez le docteur Féraudy. Il sut réunir dans sa personnalité puissante et privilégiée les mérites de l'érudit, le dévouement du médecin, l'originalité de l'homme du monde, l'équité du philanthrope et les ardeurs du citoyen. Il a su, d'une vie patriarcale par la durée, faire une vie patriarcale par ses vertus, un champ précieux qu'il cultivait avec soin et où il jetait à tout instant les semences de son immortalité. On n'a pu dire de lui ce que le poëte dit du vieillard, « qu'il ne vit pas, mais ne fait qu'assister à la vie. » Au contraire, nous avons admiré sa verte et heureuse vieillesse et constaté religieusement que, si sa vie a toujours eu, selon l'expression d'un grand écrivain, *une fenêtre ouverte sur le paradis,* le cerveau a mérité chez lui, comme le cœur, le nom d'*ultimùm moriens.*

Que la paix soit à sa cendre sur cette terre, et qu'une auréole de gloire le couronne dans le ciel ! Quel meilleur adieu adresser au médecin charitable, à l'administrateur émérite, à l'ami sincère ! J'ai redit notre affection et embaumé sa mémoire dans un pieux souvenir; je l'ai pleuré, non point, ainsi que le recommande saint Paul, comme si j'ignorais que les affections vraies se continuent dans l'autre vie; je l'ai pleuré en chrétien ! Que son âme goûte un bonheur immuable en échange des biens périssables qu'il ne sut aimer pour lui, et que, du séjour divin où il est arrivé, son regard descende encore sur ses pauvres, sur les amis qu'il laisse ici-bas et, en particulier, sur celui dont il daigna encourager les débuts dans la carrière médicale et qui dépose sur sa tombe, en lui disant au revoir, cette inscription laconique qui résume une telle vie : *Vir probus medendi peritus.*

Sausses, le 16 juillet 1883.

A. MARCELLIN,

Docteur-Médecin.

Digne, Impr. Barbaroux, Chaspoul et Constans.